Filho de Trás-os-Montes e presença genética Alentejana e Vianesa, desde cedo que o mundo dos livros e a maravilha das letras lhe povoaram o pensamento. Esses livros onde várias vezes se refugiou das tormentas da vida, tornaram-se depois uma forma de manifestação sentimental para o que o rodeia. Entre a sua formação em Enfermagem Veterinária e a sua paixão pela literatura, música e história, traz-nos a vida nua, crua e real na sua expressão escrita.

Índice

Dedicado a todos
os que me fazem mais homem

Ambição

Terei por meu consolo

os olhos de uma pobre alma

humedecendo ao ouvir o meu nome

e libertando uma tímida lágrima

quando o último grão

da ampulheta dos meus dias

cair em seco.

Reflexo

Quem és tu?

Que me fitas desse lado

com olhar triste e distante

que espera a cada instante

de olhar tão desolado.

De onde vens?

Jovem que já não vives

rapaz que sempre viveste

com vontade de morrer.

Como chegaste aqui?

Coração que continua

onda que já não ondula

e que se quer desfazer.

Coração.

Ouço teu bater quieto

que teima em não querer mudar.

Nesse teu correr discreto

que tem algo de secreto

e que sempre quer parar.

Horas de vida perdida

existência tão sofrida

lucidez do teu viver.

Já não vives de ilusões,

já não tem mais emoções

ficas só com o teu sofrer.

Não me olhes desse lado.

Não te quero conhecer,

vive em tua solidão.

Que ninguém te estenda a mão,

que ninguém espere o perdão,

que todos te deixem morrer.

Em minha defesa

Vista que está a crueldade

galopante e imparável

testemunhada neste tempo

insurge-se cada vez mais

a necessidade vital

de um pragmatismo asséptico

a cada dia que colhemos.

Aridez

Num qualquer canto da vida,

cai uma semente perdida,

para uma sina traçada.

Na esperança de ser colhida,

sai da terra, vem ferida,

sendo sempre desprezada.

Regada com sangue vivo,

lágrimas que eu não consigo,

manter no peito a chorar.

Rebento do meu umbigo,

cresce mais, só por castigo,

da terra que te quer tapar.

Desabafos de Papel

Sou a vida e te atirei,

para o mundo onde criei,

todo o mal e falsidade.

Cresce tu rebento antigo,

não te livras do perigo,

por o saber na tua idade.

Não te aceito condição,

não te quero por condão,

renego o ventre onde pensei

no bater do coração

da que me quis dar a mão

e que eu não segurei.

Sou já árvore esquecida,

marcada por toda a vida

por ti, miséria fatal.

Sou pintura enegrecida,

sou já veia enfraquecida,

esperando o meu final.

Sou uma sombra perdida,

no Inverno desta vida,

folha que o vento levou.

Árvore por Deus plantada,

pelos sonhos foi regada,

e por lucidez secou.

Pousio

Surge gente no decorrer

dos nossos passos

alguém

que nos parece ter

um coração, uma alma

maior que o próprio corpo físico

concedido à nascença.

Onde florem amiúde

em quintais regados diariamente

ideais de paz e amor

de honra e esperança

e todos os demais

substantivos abstratos bons.

Desses que moldam a vida

e fortalecem o carácter.

O raro é encontrar

nesses semeadores de futuro

algum que ainda mantenha

depois da sementeira,

no fundo da algibeira,

sementes para si próprio.

Mistic

Vagueando pela aldeia

por mil estradas e caminhos,

vimos tal forma que ondeia,

segue, prende e encandeia

todos os nossos destinos.

Essa forma negra e feia,

estranha, morta e inatural

prende toda a nossa ideia

pára o sangue em qualquer veia,

sente-se o cheiro do mal.

Mensagem de outro mundo,

traz no seu breve assustar.

11

E sentimos, cá no fundo

todo o medo taciturno

de os conseguirmos olhar.

Quanto faz o medo à gente

nas vidas dos que acreditam.

Passa o vulto brevemente,

gela-se o inconsciente,

os olhos rápido se excitam.

Será sorte ou maldição

poder ver quem já partiu?

É de tal forma um condão.

Não se vê uma alma em vão.

Só se reza por quem pediu.

Noutra volta, um barulho aparece,

todo o som é silêncio no olhar.

Toda a explicação se tece

mas nunca se desvanece

o que ali nos fez parar.

É antítese de bênção e terror

é viver por pulsões, esta e aquela.

E só quem nesta vida, com fervor,

apagou qualquer lembrança desse ardor

jaz em paz, porque acabou a sua vela.

Epitáfio

O que já fui... O que hoje sou

Já o não sinto

grito bradado, ser maltratado,

fonte de infinito

filho gerado, homem cansado,

sede ou ardor

salina pura, taça de ternura

do teu amor

neblina escura, onde a desventura

sempre se esconde

candeia acesa, que à minha mesa

ilumina o teu nome

rosa cortada, vida largada,

à sorte do mundo

essência encontrada, desventura

passada,

pensamento profundo

caminho perdido, barco sem destino,

que em ti naufragou

homem sozinho, eterno remoinho,

que ao te ver parou

filho que cresceu, amou e sofreu,

nos trilhos do tempo

sou o que viveu, na vida apareceu,

sem nunca ter alento

indício marcado, sou lírio quebrado,

pelo frio do vento.

Nasci para sofrer,

para ter e perder,

a vida na mão.

E quando eu morrer,

quando de mim me esquecer,

tudo será ilusão.

Andorinha

Sou uma andorinha ferida

serenamente inquieta

esperando um horizonte por rasgar.

Imponho vagar na partida

mas chego sempre sem pressa

onde teria que estar.

Num golpe de asa esvoaço

de asa ferida em abraço,

enxugo a minha dor.

Do que serei pouco sei

mas tenho em mim que voarei

enquanto não faltar amor.

Navego pelo compasso

da memória do regaço

onde eu senti carinho.

Faço-me à vida sem medo

e não preciso do dedo

que me aponte o caminho.

Voarei.

Mesmo de asa ferida,

E só peço a Deus e à vida

que quando chegar a partida

eu morra em pleno voo.

Amor

Porque não.

Porque não quero.

Porque os outros não merecem.

Porque não faz sentido nenhum.

Porque mesmo que tente não consigo.

Porque não sou capaz.

Digo-te uma e outra vez:

Não posso ser senão amor.

Luís Diegues

Para o dia em que fores

Tenho a certeza que sofrerei como
nunca.
De verdade que a tenho.

Há duas opções
para quebrar este magnetismo
e chegar a essa dor

Ou a morte de um de nós
ou tu me deixares.

Bem sei que não devemos
dar total confiança a ninguém,
nem que nos tenham na mão.

Mas tens-me na mão,

no corpo, nos olhos.

Tens-me em cada pedaço de ti.

Sabes disso.

Talvez por ser ingénuo.

Sempre fui.

Ingénuo, sentimental e verdadeiro.

Será este talvez o meu maior orgulho

e o meu maior arrependimento

para comigo.

Mas que fazer?

É o que sou.

Assim que me tens.

Tens-me totalmente.

Seria mais fácil

despregar a minha sombra de mim,

do que tirar a certeza de que te quero.

Que me queiras assim.

Ah, e claro.

Que eu vá á frente.

O mundo seria insuportável sem ti.

Do amor às coisas belas

Toda a qualidade de artistas

Bailarinos, cantores,

poetas, palhaços,

pintores e escultores

floristas, actores

e outros que tais

vivem pela necessidade

inerente do perfeccionismo.

Da obra prima.

Para aproximar um mundo feio,

sujo e irracional

dos limiares intangíveis

da beleza imaculada.

O que há em ti

Há mais no teu abraço que só calor.

Neste arrepio permanente

em que me deixas

sinto o coração querer saltar do peito

cada vez te abraço.

Contradigo o meu corpo e aperto-te mais.

O corpo pede espaço,

prendo a respiração

para te juntar ainda mais.

Teimoso que sou.

Quando relaxo para respirar

apertas tu.

Olho para os teus óculos

pousados na mesinha.

Há mais no teu abraço que ritmo.

Pode parecer pouco,

mas quantos sentem esta sintonia?

Qualquer pessoa tem que sentir isto

senão não é justo.

Mesmo os mais duros,

os mais frios.

Os que já endureceram pela vida.

É inerente não é?

Endurecer.

Ainda assim.

Deveria ser direito universal do homem,

mas certamente que os restantes

homens

iriam monopolizá-lo por motivos

económicos.

O melhor é estar calado que ainda é

gratuito.

Faz-me derreter vá,

deixar os músculos cair,

semi-cerrar os olhos

e por segundos sair de mim próprio.

Aperta-me contra ti.

Como se o mundo terminasse

em segundos.

Tão duro ou distante que pareces por

vezes,

mas fora dessa capa, tão meigo.

Apertas com meiguice.

E isso não é um qualquer que sabe fazer.

Há qualquer coisa em ti neste momento.

É aquele sentimento

que não se consegue descrever.

A língua portuguesa é rica

mas eu sou um pouco exigente.

Procuro a melhor definição

para esses segundos,

para esse sentimento.

É um misto de paz.

De medo, paixão, ansiedade.

De orgulho ou amor.

Um misto de bom,

e mau que se torna bom.

Estou confuso. Deixas-me confuso.

Não entendo o que fazes ao meu corpo

só de me olhar.

Logo eu que gosto de tudo controlado.

Ainda assim.

Abençoado descontrolo.

Agora inspira.

Já sabes, depois de alguns segundos

a passar-te as mãos pelas costas

volto a mim

e saio dos meus pensamentos.

Cheiro o teu pescoço,

olho para esses olhos de amêndoa

e aperto de novo.

Quando fujo apertas.

Eu que nem tolero bem que me

contradigam

obedeço de imediato

e abro um sorriso.

Ficamos assim só mais um pouco.

Por favor. Inspira. Aperta.

Duodécimos

Do alto da minha parca experiência

conclui que há na vida

dois tipos diferentes de lições.

As breves e fáceis,

constatação do óbvio

já sabido ao início.

E as outras conquistadas a ferro

e à força de ais e lágrimas.

Das últimas, as importantes.

É saber que mesmo tendo

o coração transbordante de amor

em fluídas e calmas marés

de ternura, saber chegar

e trazer à areia da praia

como alguém me disse um dia

o amor em prestações.

Lote 19

O nervosismo com que te admirava

pelo olho da porta à chegada.

O Martini pela noite, aos pés do meu sofá.

A timidez e atração mútua.

Os olhos que não se sabiam largar.

O teu sorriso aberto.

O sussurro hipnótico ao meu ouvido.

A tua camisa vermelha

de botões teimosos.

A embriaguez que me dava o teu perfume.

Os nossos olhos semicerrados

enquanto os lábios se tocavam.

A força com que nos uníamos

em abraços intermináveis.

O encontro do nosso olhar.

As nossas ancas entrelaçadas em desejo.

O toque dos teus dedos

nas minhas costas em arrepio.

A nossa sombra a vaguear na parede.

O calor do teu peito de cetim.

O afago dos meus dedos pelas tuas tatuagens.

O bater compassado do teu coração.

As nossas mãos unidas.

Os nossos polegares em vai-e-vem.

Os desabafos a olhar o mesmo teto.

Os risos de cabeça encostada.

A timidez compartilhada.

Os beijos quentes de desejo.

A tristeza da despedida.

A mensagem logo depois.

As conversas longe mas perto.

Esquece-me tu, meu amor.

Está visto que eu não consigo.

Na tua ausência

Uma noite sem dormir

a conversar pousando os olhos no tecto

e a cabeça um no outro.

Um passeio regado a riso e aventura

uma viagem

em que nos perdíamos

em estradas

mas nos encontrávamos

em alma.

um almoço de Domingo

uma chamada

a meio da noite

quando o mundo desaba sobre nós.

A partilha de um segredo.

Brincar com uma criança juntos.

Ser crianças de novo.

Cozinhar juntos.

Uma noite de cinema

em que o filme

era o menos relevante.

Uma loucura, um impulso,

uma coisa que nos fizesse arrepender

em conjunto, ou que fosse

uma memória cúmplice.

Tornar-nos um em carne.

Deslizar os dedos

nas costas um do outro

desenhando um coração.

O abraço de duas peles

que se tornam uma só

depois do suor do amor.

Crescer juntos.

Desiludimo-nos juntos.

Coragem. Tempo. Vida.

Faltou-nos tudo, ou por Deus, quase tudo.

quase porque não faltou amor.

Não falta o amor

saudades e lágrimas

flores nem velas

os atos de conforto aos teus

as dúvidas, os remorsos,

o arrependimento

as preces a Deus

para que nos ilumine aos dois.

Os sonhos,

ainda frescos como

se cá estivesses em carne.

As memórias dos bons momentos

que passámos.

A saudade daqueles eternos segundos.

A ternura

na memória dos momentos

em que toquei o céu em vida.

Mas faltas-me tu.

Continuarei indefeso dessa falta

todo o tempo que restar.

Continuo manco de amor, de ti.

E vivo. Ainda assim.

Porque a vida segue.

Porque a vida não pára

e segundo dizem,

assim tem que ser.

Vivo e sigo.

Mas manco.

Faltas-me.

Peço pouco

Que não me falte

o abraço fraterno na hora difícil.

Que não me falte

o colo da minha mãe

o avental da minha avó

a ternura em dose diária

o ímpeto de seguir os acasos da vida

que sempre lhe dão o sentido.

Que não me falte

o frio vento matinal

enquanto o sol me abraça.

Que não me falte

o teu toque e o teu cheiro

em dose diária.

Que não me falte a fome de amor.

Que não me falte o exemplo da hera

que teima em se agarrar

em ficar

em prosseguir pelas estações.

Que não me falte a vida

porque sinto que me falta tempo

para tudo o que,

de teimoso que sou,

não quero perder.

O divino

Voz do povo, voz de Deus.

De quando em vez Deus

cala-se e o povo continua falador.

Mas a mim que nada valho

continua ás escondidas

em sussurro

a falar-me ternamente

ao ouvido.

A consagração

Neste estado de ansiedade

fremitante de suspiros

e constante em que me deixas,

sofro, rasgo, choro e grito

num eco abafado de silêncio.

Uma dor aguda dilacera-me

o peito esquerdo.

Essas fibras cardíacas

outrora consagradas só a ti

quebram pela tensão

e o peso enorme

das palavras que cospes contra mim.

Incensei-te como a um Deus,

idolatrei a tua figura como uma missão

de vida, um propósito.

Que repetia para dentro

castigando sem piedade

qualquer erro

que a minha falta de ego não perdoa.

Tudo te dei, e recebi

migalhas de amor,

nas quais matava a minha fome

de ternura.

Fui carinho e concórdia

quando a raiva te assolou.

Fui melhor do que pensei

ser possível alguém ser

e prendi-me a ti.

Perdi-me, de preso, a ti.

Que alguém me encontre neste labirinto

egocêntrico, côncavo, gélido de frio

em que me prendi.

Em que me perdi.

Tirem-me os grilhões

que me prendem o passo.

A chave deitei-a fora há muito.

Perdi-me de mim próprio e castiguei-me

para me afigurar a algo que tu querias

que fosse.

Morri sozinho nesta metamorfose

de pesadelo e realidade.

Morri a cada instante.

Agora findo, nada me fica.

Dá-me mais uma migalha,

pelo menos. Por nós.

Por tudo o que passámos.

Uma rosa branca enlameada

e castigada pelo frio

de um inverno por chegar.

Traz a rosa e contento-me,

juro que me contento,

mesmo sem descansar em paz.

Assigment

Tomei como missão

recente mas prioritária

derreter em terna neblina

que esfume

desdobrado em carinho

o grande e imóvel glaciar

que tens no lugar do coração

Um quintal à esquerda

Havia gente boa naquela casa

que o luar abraçava todas as noites

embalada ao som dos grilos

nas noites frescas de Verão.

Um pequeno quintal à esquerda

onde as flores da primavera

gritavam de coloridas

a partir de Maio.

Havia o cheiro a pão cozido

a caldo caseiro de pote,

de amor e discussões.

Cheira a alfazema e a cânfora

como o avental da minha avó.

Cheira a geada e a neblina
à terra húmida depois das primeiras
chuvas.

Cheira a canela e a açúcar,
à cereja fresca e ao sumo da laranja
colhida há um par de minutos.

Nessa casa morou gente.

Gente do norte, gente honrada
de palavras e de actos
acções e omissões.
Gente que me fez, moldou
nutriu e formou

gente que me viu crescer

que fez crescer

o menino dessa casa.

Ladino, melancólico

alegre e criativo.

O pequeno dessa casa

queria conquistar o mundo

na palma da sua mão.

O pequeno dessa casa

sonhou que tinha asas

e como as andorinhas

que acabam por voar

do beiral

a cada fim de Verão, partiu.

A casa já não tem gente.

O menino não voltou a casa.

Agora lê-se à ombreira do portal:

"Aqui morou um poema"

Mãe

O sinónimo de amor numa palavra,

a planta que me ensinaste a tratar,

a cama que me ensinaste a fazer,

a alegria de me ver feliz,

o pilar em qualquer tempestade,

a força depois de qualquer queda,

o sorriso quando o mundo é cruel,

a mão quente quando tudo é frio,

o colo de pequeno e de grande,

os conselhos que sempre fazem sentido,

as receitas que não sabem se não fores tu

a fazer,

o grito para que nos calemos,

a ternura de quem se arrepende de gritar,

a lágrima de felicidade pelas nossas

conquistas,

o sorriso rasgado no regresso,

o medo de não ficarmos debaixo da asa,

a insónia quando estava doente,

a preocupação porque

nunca mais chego a casa,

o segredo que só a ti contei,

a esperança quando tudo parece mau,

a força de quem luta pela vida,

o choro que limpaste com carinho,

o aperto do coração por não dizer nada,

o dizer-me que sou bom homem,

o ensinar-me a ter bom coração,

a insistência para comer,

o valor de um abraço,

o beijo mais doce do mundo,

as mezinhas que só tu sabes,

a fé que de ti herdei

os valores que me transmitiste,

as histórias que me contaste para dormir,

as composições que corrigiste,

os bolos que me fizeste,

a forma meiga com que me olhas,

os desenhos que fizeste comigo,

os atacadores que me apertaste,

as fitas que me assinaste,

o dinheiro que investiste,

a honra que transmitiste,

a casa que hoje tenho.

E principalmente

O homem que hoje sou.

És o fim e o princípio,

a estrela-guia da minha vida,

a verdadeira definição

de amor!

Dualidade

Serei sempre

para vosso desagrado

Tudo o que não queiram

que venha a ser.

O diabo em pele de anjo

e o santo-mártir

no mesmo corpo

e no mesmo instante

quase quase

de mãos dadas.

O sorriso

Tem o sorriso mais lindo do mundo.

Sorri para mim quando lhe digo.

E acha que é só mais uma frase

de romance, uma coisa bonita de se dizer.

Mas não. Tem mesmo.

Um sorriso, que esconde

apesar de tanto luzir

um mar de mágoas e ansiedade

turbulento e revolto

ao qual eu tento trazer a bonança.

Talvez seja essa a fonte

da força desse sorrir.

Um sorriso, qual estrela no firmamento

nas noites de bruma

que teima em mostrar às trevas

que ainda existe luz.

Um sorriso, que se demora

nas paredes da minha casa

e nas lembranças de outros dias

em que refletia o meu.

Um sorriso, que desnuda

a minha alma de rompante

fraca, frágil e fria

mas que aquece mal dá com ele.

Um sorriso, que desfia

avidamente, um a um

os nós das minhas mágoas,

transformando-as em linho fino,

à espera de ser arte.

Um sorriso, onde viajo

qual caravela à descoberta da luz,

da cor, da vida e

do futuro que há-de chegar.

Um sorriso, que mata

a fome de ternura

a tristeza da alma e

a dureza da vida

só por aparecer-me.

Que sorriso meu amor,

que sorriso meu Deus,

que sorriso!

Luís Diegues

Porque um dia sem o teu sorriso,

meu amor,

é um dia mais triste no Mundo.

Na altura vindoura em que te volte a

lembrar

que esse sorriso, o teu,

é o mais lindo do mundo

não me sorrias, meu amor,

mas sorri!

Desabafos de Papel

Não me morras

Não posso sobreviver a ti,

nem o meu peito

continuar pulsante

se a razão do meu existir

for deitada à terra.

E assim

em qualquer cenário

torna-se-me impossível

sobreviver-te.

O que nos resta?

O que fica no nosso íntimo

quando nos tiram o abraço

quando nos proíbem o beijo

quando nos cortam a liberdade?

O que resta das nossas vidas

sem o carinho dos nossos?

o almoço de Domingo da mãe

ou o café com os de sempre?

O que fazemos da nossa vida

depois disto,

depois das perdas,

da distância, das saudades?

Algo sempre resta e teima

em ficar neste momento.

O calor do último abraço dado

invade-nos avidamente o pensamento

e aquece-nos a alma.

O sabor do último beijo

não sabendo que seria o último

por tempo indeterminado,

volta a dar gosto à vida

tão amarga como anda.

A ternura que nunca demonstramos

e conseguimos exprimi-la desta vez,

por sabermos que pode ser a última.

O que nunca dissemos

a determinada pessoa

por vergonha, medo ou incerteza

chega-lhe na madrugada da insónia.

Quem diria? Fica-nos tudo, não duvideis.

E fica-nos o acima disso, o importante:

a esperança, a vontade,

a percepção do essencial,

as ganas de ser melhor, de dizer mais

sentir mais e viver mais

antes que não o possamos fazer.

Se isto não servisse para mudarmos

se não tivéssemos sentido o medo

a tristeza, a angústia

de nada teria valido.

Desabafos de Papel

Bendita desgraça

que nos veio ensinar a priorizar

que realçou o importante da vida

e que nos veio trazer

a vontade de começar a viver

assim que se for embora

e assim que estivermos prontos.

Amor em quarentena

Eu aqui e tu aí.

A estrada que nos une

e separa está deserta,

não é costume!

Mas o teu carro não pode percorrê-la.

Da minha janela e da tua o mundo está igual.

Chove aqui e chove aí.

Mas não sentimos juntos a chuva.

Bebemos e comemos o mesmo

pelo pequeno almoço.

Mas não fui eu que fiz o teu.

Desabafos de Papel

Ouvimos a mesma música,

e vemos o mesmo canal na TV

mas não nos sentamos no mesmo sofá.

Amparo e conforto-te como tu fazes comigo.

Mas não posso secar-te as lágrimas

com as costas da minha mão.

Quando vem o anoitecer

imaginamo-nos juntos

para aconchegar o coração

mas estamos em lençóis diferentes.

Os dois a querer ser um só.

Haverá um poema de amor mais triste?

Não há distância capaz

de afastar quem se ama.

Aguardo serenamente

o beijo prometido

onde o aqui e o aí

não se coloque.

A guerra

Deus criou o homem,

que cultivou o espírito,

que criou o fogo,

que criou as armas,

que descobriu que matar era possível.

Desde esse homem

que os demais homens se matam.

Mudando o método (claro está)

para não cair na rotina.

Se lhes perguntarem porquê

raros serão os que dirão: prazer.

E ainda assim,

Hão de matar-se

mantando-se de remorsos

e matando os remorsos,

até ficar um para um.

Esperemos que ambos tenham pontaria

e que o raio da raça finde de vez.

Senão, certamente

haverá mais o que matar

além de homens

além de animais,

além do mundo,

além de tudo.

Quando todos estão em casa

Quando a chuva vem de mansinho

sobre a cidade escurecida

pela sombra das nuvens

tornar o meu cortejo fúnebre

mais escuro acima das cabeças.

Quando as árvores se despem

num desfiar de folhas caducas,

castanhas, rubras de sangue

amarelas de morte.

Quando vento anuncia o frio

assolando levemente

a mortalha do meu corpo

e o véu negro

na cabeça das madames.

Quando as andorinhas vão embora

quando os pássaros perdem

o alegre cantar do Verão.

Quando os pobres

se aquecem ao lume nos serões frios

de uma miséria resignada.

Quando não brinquem crianças

pelas ruas, a correr

inocente se puras.

Quando os corpos se agasalham

e o passo pelas ruas

é mais cadenciado

derrotista

vazio.

Quando a terra da minha campa

for lama e pó

e nada.

Sete palmos de nada.

Hei de ser herói

nos cânticos finais

e corajoso

boa pessoa

de reputação inestimável

amigo do seu amigo

rapaz honrado toda a vida

dedicado como ninguém.

Hão de cantar-se hinos

para mascarar a hipocrisia

das verdades que me deram

enquanto o meu olho húmido

ainda produzia lágrima.

Deixai-me rogar

por quem sois

Vos peço de joelhos

por gentileza

que me deixeis partir no Outono.

Dopamina

O vaivém pulsante

do meu corpo colado, suado,

às tuas costas.

O ímpeto circular dos movimentos

húmidos

dentro do que há dentro de ti.

Quente de amor o quarto

que nos abafa os gemidos.

Mais quente que as tuas carnes

delicadas, dóceis, húmidas

quentes e suaves.

O êxtase triunfal

mútuo e recíproco

na ejaculação pungente

dos segundos em que paralisamos o tempo.

O cigarro no fim,

o relaxar dos corpos lutadores

no final da batalha.

O beijo na testa e as carícias.

O olhar penetrante no regaço do abraço.

A chuva bate na vidraça

e a vida corre lá fora esquecida de nós.

Corre a galope, breve demais

para não gemer de amor.

Lucidez

Serás lúcido quando,

após exaustiva análise quântica,

metódica, física, filosófica

esotérica e psicológica

sobre o sentido desta vida

possas dizer convicto:

Agora entendo porque choramos ao nascer.

Ode a Viana

Viana é o rio, a foz e o mar.

É um barquinho no Lima a boiar.

Viana é o monte e a Sta. Luzia,

é Nossa Senhora da Agonia.

Viana é a santa que vai ao mar

com toda a frota para a acompanhar.

É a Ribeira feita de sal e cor,

uma traineira que é só uma flor.

É a mulher que chora de fé

carregando o andor de chinela no pé.

É a Maria que em tempos perdeu

o seu João que na faina morreu.

É o seu filho que já não é criança

e pede à Senhora, no mar, a bonança.

Viana é o bombo que acorda ao passar

é a serenata, no rio a brilhar.

Viana é o cante e a concertina

e uma avó que o Vira ensina.

São brincos à rainha e traje bordado

é ouro ao peito, nobre e carregado.

Viana é formosa, bem portuguesa

é o orgulho da vianesa.

Viana é peixe, trabalho e é pão

a promessa à Santa de coração.

É o pescador a benzer-se no mar

pedindo em prece, a casa, regressar.

E é a mulher na areia sentada

à espera que não aconteça nada.

Viana é o moço que rouba a bailar

um rapariga talvez para casar.

Viana é o abraço, o carinho o pecado,

e os dois no desfile de braço dado.

Viana é mistério, é ouro em cordão,

é filigrana de riso e dor.

Viana é Viana.

Viana é amor!

São Bento, nº193

Earl Grey pela manhã quase tarde,

afagando o vestido comprido

de amarelo berrante e lantejoulas.

Do dedo delicado que afaga a chávena

grita o vermelho-sangue das unhas

e meia dúzia de anéis aciganados.

Em vai-e-vem os brincos dourados

pendidos sobre os ombros

a testar a força das orelhas.

O fumo do Marlboro, em espirais

sobrevoa os azulejos azuis

e entranha-se no veludo carmim

do sofá da sala.

Dezenas de condecorações brilham

em maresia ao fundo de um mostrador.

Pela janela entreaberta

esvoaça a cortina acetinada

e os seus olhos perdem-se

no azul do céu de Lisboa

enquanto duas pombas esvoaçam

quase parecendo ir de braço dado.

Apressada vem a empregada

com outra dose de chá inglês,

bem sabe que a patroa

está naqueles dias

melancólicos, tristes e lúcidos.

"Mais um pouquinho?"

Depois de encher a chávena

do serviço de Limoges

fecha-lhe o livro de poemas

pendido na mão direita,

acima da qual brilha

uma escrava de ouro,

afaga-lhe a mão e encontra os seus olhos

já humedecidos.

"Obrigado por ser quem é todos lhe

devemos muito."

E aí, a simples empregada

de mão dada à voz de Deus

sem dar conta do momento

em que falou por um país,

faz desabrochar os lábios vermelhos

num sorriso que ilumina Lisboa inteira.

Abre-olhos

E eu que sempre me quis matar

hoje dei por mim tão ansioso

que, pela vez primeira,

senti medo de morrer.

Look old money

Passou por mim apressado

de calça bege e camisa em riscas de cetim

balbuciando meia dúzia de frases

banais e metódicas

enquanto fazia por ser visto.

Diz-me tu, menino rico

nascido em berço de ouro

sem teres nunca sequer

que chorar para mamar

que sabes tu da vida?

Que sabes tu dos desgostos de amor?

Tu que tens um harém à tua volta,

onde o outro brilha para elas

mais que os teus olhos?

Que sabes tu de ter fome?

Tu que nem sabes o suor

e o esforço envolvido

por tanta gente honesta e simples

nesse pedaço de bife

que deixas de lado, por teres

provado melhor em Paris.

Que sabes tu de começar do zero,

duas e três

e quatro vezes na tua vida?

Quando nunca sequer soubeste

começar a tua.

Um dia, menino rico,

alguém, em alguma altura,

há-de mostrar-te sem te o dizer

que a futilidade da tua vida

é o expoente máximo da mediocridade.

E aí, talvez entenderás,

quando as casas e os carros

os casinos e as galas

não te confortem,

quando o peito musculado

seja só desejado por pessoas

mais básicas e medíocres que tu

e que quem tu desejas,

não se revê no que apregoas,

quando te partam o coração,

quando te reduzam ao nível do teu QI,

quando perceberes que o dinheiro

não compra elegância

educação ou cultura

entenderás por fim

e da pior maneira

que não se morre de suicídio

morre-se de tristeza

e de vazio.

Até já

Mal chegou à pedra do cemitério,

abriram-se as duas portas

horizontais e deitadas

a quarta tábua daquele esquife.

Ele repousava lá dentro

de ar sereno dormitante,

braços em cruz contra o peito

e um rosário entrelaçado nos dedos.

Havia uma calma

uma dignidade inabalável

na ômega daquela parelha,

velha, curvada,

noventa anos de peso

nas rugas da sua face.

Olhou-o nos olhos,

pendeu uma lágrima discreta

deu-lhe um beijo na testa

e sussurrou baixinho

condensando numa fração de segundos

setenta anos consecutivos de paixão:

"Até já meu amor, não me demoro".

Enquanto o caixão baixava os sete palmos

amparei-a pelo braço,

como que a agradecer-lhe,

o testemunho de amor

que tinha ali acontecido.

"Até já meu amor, não me demoro."

Foi a frase mais linda que ouvi.

Requiem

Em louco bailando

na mansão da morte

encontrei a vida

com o xaile de fado

fadista de porte

cantava sofrida

cantava e gemia

em ovações

dobrava a vénia

sabia que mentia

em contradições

na vida boémia

sorria em pranto

a cada alma nova

que ali entrava

do seu canto

sorria na certeza

que a vida acabava

e nesse bailado

matavam a fome

de tempos atrás

cantando um tal fado

que tinha por nome

na morte a paz.

Fado Vadio

Depois da noite acabada

desceu a ruela, vai para casa

abafada de desejo.

Entrou era meia tarde

saiu já de madrugada,

e eu sempre a ver se a vejo.

Só a ouvi uma vez,

cantar fados, dois ou três

e suspirei de amor.

Foi paixão naquela hora

não queria ir embora,

todo cheio de temor.

Mas que face tão singela,

olhos vivos como a vela

que iluminava a minha mesa.

Ela a cantar para mim,

num vestido de cetim,

tal e qual uma princesa.

De peito aberto, desnudo,

mal olhei fiquei-me mudo,

simplesmente a suspirar.

Quero tanto a esta fadista,

não a vou perder de vista,

até comigo casar.

Andei pelo Bairro Alto,

por Alfama em sobressalto,

e nem assim dei com ela.

Não desisto à primeira

e hei-de encontrar maneira

de a ver da minha janela.

Soube depois que morreu

e o que na vida sofreu,

foi demais para aguentar.

Já que não te tive em vida

antecipo a partida,

só para a encontrar.

Na sua última despedida,

conhecidos de uma vida,

lembram histórias de outrora.

Então deu-se um acaso singular,

foi o poeta a enterrar

e são vizinhos agora.

Amália

És a luz que doura as águas do Tejo

termitentes e pujantes,

que desfilam para o mar.

O arrulho de uma pomba no Rossio,

que sobrevoa dois amantes,

sedentos de se amar.

O xaile à cabeça de uma velha,

feita de rugas errantes,

vivendo a suspirar.

As velas a Nossa Senhora

Cintilando consonantes,

numa igreja a brilhar.

Desabafos de Papel

A marcha que desce a avenida,

em cores e trajes berrantes,

para Lisboa engalanar.

As flores que no jardim da Estrela,

nascem em tons discrepantes

para o pobre consolar.

O cheiro a cravo e maresia,

e das ruelas fumegantes

de sardinhas a grelhar.

És, tu de negro vestida,

aquela que nos deu vida,

e foi toda a glória tua.

O segredo, a alma de uma nação,

que teve, por sorte ou condão,

a Voz de Deus como sua.

Prazeres individuais

Escrevo como me masturbo

em silêncio, sozinho

aos suspiros

num ténue equilíbrio

entre a vergonha e o êxtase.

Algumas vezes por epifania,

outras por aborrecimento

pensando para o passado

projetando desejos num futuro

de um orgasmo e não quimera.

Um velha com 40

Escondi-me e chorei despida

amordacei-me em vida

soluçando o meu temor

tanta promessa esquecida

muita desculpa pedida

pelo meu grande amor.

Cedo contigo casei

e logo me apaixonei

pelo calor dos teus braços.

O homem que aí encontrei

não era capaz, eu sei,

de um dia romper laços.

Desabafos de Papel

Fui-me moldando a ti

e eu nunca me esqueci

desse teu lado mais terno.

Os gritos, falaram por si

quando cedo descobri

o que é viver no Inferno.

Cada noite outro terror

soluçava só, de dor,

por mim e pelos teus filhos.

Nunca me deste uma flor

só me ofereceste temor

e uma vida de espartilhos.

Esqueci-me de ser mulher

dei por mim a encolher

a cada murro dos teus.

Sem saber o que fazer

quis matar-me, quis morrer

e perdi a fé em Deus.

De mim já nada restava

sabia que não prestava

e que nada valia.

Já não tinha gosto em nada

meu reflexo detestava

e só para ti vivia.

Mas hoje ganhei coragem

e finquei-me à miragem

de estar livre de ti.

Então deu-se a viragem

ficando a tua imagem

morta, rendida e eu sorri.

Desabafos de Papel

Desci a escada despida

bati a porta à partida

e entreguei-me calmamente.

Sem medo de ser ferida

calma, submissa e rendida

e inteira, felizmente.

Agente, faça o que for

corte-me ou cause-me dor

não guardo nenhum segredo.

Depois da falta de amor,

desta vida de terror

a nada já tenho medo.

Meu peito guarda o calor,

de um dia colher amor

e de me sentir querida.

Que me traga uma flor,

e que entenda esta dor

porque conhece a ferida.

A hora I

Dois corpos nús partilham uma cama

ainda quente do prazer

que os obriga a aguentar

a ternura forçada pós-coito.

Despiram-se um ao outro

movidos a endorfinas

frases sujas e loucuras.

Agora, que descarregados estão

os fluidos das suas próprias misérias

vestem-se, de costas, em vergonha.

Cada um a sua roupa.

Luís Diegues

De mãos dadas

Se me quiseres dar a tua mão,

confia-me nela todos os teus medos,

todos os desejos, os segredos,

as mágoas, as ambições

e tudo o mais que queres ser e fazer

e nunca soubeste como.

Se tiveres coragem de me dar a mão

seremos tudo e faremos mais que tudo

e na nossa história existirá sempre

uma balada quente, ritmada em êxtase.

Dois olhos que se escolhem e se entendem

em todos os pontos divergentes,

duas bocas que se consomem

106

mutuamente

num fogo que nada, nunca, há-de apagar!

Existirão dois corpos que se anseiam

um ao outro, numa sinfonia carnal

cujo ritmo é impossível de conter.

Se tiveres coragem de me dar a mão

terás um peito aberto em amor

escancarado de amor só para ti.

Terás um sorriso terno e uma carícia

quando tudo correr menos bem,

um bom dia que te sorri,

seguido de um beijo calmo

ao despertarmos lado a lado.

Não tenhas medo.

Eu também tenho

mas fingimos que não .

Tem coragem de entrelaçar

a tua mão na minha.

Juntos enfrentaremos

sem qualquer medo

todos os mares revoltos,

todos os cenários de guerra

esquivando-nos num beijo pelas balas

e dessas balas faremos flores.

Teremos coragem de fazer

uma nova circunavegação,

acabar com a fome,

a guerra, a maldade

e a dor do mundo.

Seremos invencíveis.

Teremos coragem de enfrentar o Vesúvio

em nova e ardente erupção,

ou o Atlântico em vagas desumanas.

Às tempestades, colorimos os seus raios

em guaches de carinho

como se em fogo de artifício

se transformassem, pós-metamorfose.

A chuva, fá-la-emos brilhar cor de prata,

quase, quase tão luzia

como a cor dos meus olhos

encontrando-se nos teus.

E a nossa história

seria escrita por todos os poetas,

arrancando suspiros a mulheres e homens

de gerações vindouras.

Seria sempre Primavera, cor e vida!

Seríamos felizes como convém,

e ninguém mais sofreria por amor.

Voar

Podes ir.

És livre de o fazer se assim entenderes.

Abro-te a porta da gaiola e incentivo-te a voar,

lembro-te que tens asas para usar,

cruzar limites, ser maior,

chegar mais alto!

Voa.

Deixa tudo para trás e voa.

Não tenhas medo da queda

eu estou aqui para a amparar!

Não te quero habituado

à gaiola, à prisão,

ao medo de não te lembrares

como sabe bem bater as asas.

Parto os grilhões

que te prendem ainda à utopia

de que a gaiola funciona.

A injustiça que é aprisionar um ser

que não escolhe e coloca

a corrente ele mesmo.

Podes ir, mas gostava que não fosses.

És livre para abrir as asas e deixar-me,

mas gostava que as fechasses.

Que ganhasses medo ao voo.

Que quisesses o poleiro e não o mundo.

Vai,voa! Mas... volta!

De uma forma ou de outra, volta.

Dicotomia à portuguesa

O senhor rico

é levantado ao de leve

acordado mansamente

pelo turbilhão de gente

que lhe mata os desejos

e ainda assim, faz pouco disso

e acorda sempre irritadiço.

Já o homem pobre

como outro qualquer dia

mascara a sua agonia

sai da cama e veste a farda

e o ordenado que tarda..

E em suspiros e gemidos

lamenta o seu próprio enguiço

e segue para o serviço.

No olhar de uma criança

Há uma coragem nos teus olhos

ainda claros da inocência

sem rugas de expressão

ou sinais das dores da vida.

Invejo-te alma bela,

pela delicadeza de criança

e um sorriso que abraça o mundo todo.

Divertes-te com pouco

não sabes o valor do dinheiro,

ainda não te corromperam o pensamento

as fadigas do trabalho,

do futuro, do que és,

em completa contradição

com o que queres ser

que concluirás nas depressões

que te esperam mais à frente.

Estás intocado ainda,

és Deus e o bem

e a única coisa que te fascina é ser feliz.

E o primeiro erro dos adultos,

meu menino,

nesta tua primeira lição ficas a saber:

é perder isso.

Ao pescador de Viana

Pescador que vais ao mar

para o teu pão ganhar

e a tua casa manter

sofres nas marés do oceano

morando no teu lado mais humano

o ter medo de morrer

Numa barca de madeira

vai a tua vida inteira

em braçadas de coragem.

Meia vida a navegar

passas tu em alto mar

para lá de uma miragem.

Esperam por ti na praia

a mulher e catraia

cujos olhos são os teus

e na capela da aldeia

brilha de noite a candeia

da vela acesa a Deus.

Que volte vivo e bem

pede a velha, tua mãe

de luto e negro vestida

quando te vê sair do cais

benze-se e dobra-se em ais

para que venhas com vida.

"Que a Srª da Agonia

que os medos alivia

na maré mais revoltosa

olhe por ele no mar

e que o faça voltar"

Sussurra a mãe receosa.

Queres deixar como herança

a honra, a fé, a esperança

e a cabeça erguida que o confirme.

Porque em vida foste assim

já só esperas que o teu fim

seja calmo e em terra firme.

Malmequer

Maldita sina, de morar sem cá viver

maldita sina, de saber o que é sofrer.

Coração que desatina,

que nem sabe como bater,

e que termina, sem nada ter.

Coração ligado aos que ele sempre quis

coração conformado em nunca ser feliz.

Coração gelado que ninguém sabe

aquecer.

Coração roubado a esta ânsia de morrer.

E eis que então não aguentou,

não se conformou, não soube viver!

Nem vida lhe deram,

parou-se-lhe o sangue

levou-o o vento.

Calaram-se os montes,

secaram-se as fontes,

acabou-se-lhe o tempo.

Vícios

Tem esse efeito

a cinza e quente

etérea fumaça fugaz

com que escolho a cada passa

envenenar-me aos poucos

assomando o íntimo do meu corpo

na espiral de calmaria

anestesiante dos nervos

em que me pões.

Nos milímetros carbóreos

de cada inspiração consentida

e na morneza de segundos

com que aqueço o peito

fecho os olhos em força

teimosamente tentando

suster a tempestade lacrimosa

que me causas.

Também devias vir assinalado

como o Camel Azul

letras premonitórias

a descoberto, para meu descanso,

quando, pela vez primeira

te despisse lentamente a camisa

desviando em ânsia de descoberta

no teu peito firme e morno

estar gravado a cinza e sangue:

"Amar mata."

Passaporte

Sozinho e embrenhado já

no tecido veludo gasto deste sofá

onde nos últimos tempos

reclamei residência temporária

assola-me, com regular e crescente saudade

do calor sereno dos batuques

num areal de S. Tomé

do vislumbre de Danúbio

correndo mansamente

à meia luz do fim de dia

do ritmo fervente e com um quê de erotismo

o mulato ondeante de camisa acetinada

agarrado ao mojito

à noite em Porto-Rico

e o vestido vermelho

na cintura torneada

da condessa de Paris

numa ópera de Viena

a descida de Montmartre

debaixo dos velhos lilases

que libertam suas pétalas

e as propagam em voo

no final de um Outono

dos mercados sequiosos e berrantes

coloridos e vibrantes

dos campos de Marraquexe

da beleza glaciar no comboio

desfazendo-se em curvas dançantes

das linhas dos Alpes Suíços

do esplendor filosófico

de três quartos de hora

diante se um Monet no Louvre

mais três prolongados

nas cadeiras barrocas douradas

enquanto Chopin ecoa

num palácio de Cracóvia

simplesmente

o deleite da Mahou gelada

diante da Praça do Sol

ou o vinho corpulento e de potência vivaz

numa esplanada romana.

Não sei se ao leitor acontece

de vez em quando como a mim

ter saudades ternas dos sítios que não pisou.

O livro

Um livro será sempre eternamente

algo imutável

em constante mudança.

O refúgio e o abrigo.

A bonança e a tempestade

para a qual mergulhamos a fugir.

Isso e o tudo mais

que couber no intervalo.